Mémo sur la nouvelle classe écologique

Objet : Comment faire émerger une classe écologique consciente et fière d'elle-même

De : **Bruno Latour**
et **Nikolaj Schultz**

Date : Janvier 2022

Diffusion : Membres des partis écologiques et leurs électeurs présents et à venir

LES
EMPÊCHEURS
DE PENSER
EN ROND

Collection dirigée par Philippe Pignarre

Création graphique : Valérie Gautier
Composé par DVAG à La Rochelle
Dépôt légal : janvier 2022

Si vous désirez être tenu régulièrement informé de nos parutions, il vous suffit de vous abonner à notre lettre d'information sur notre site **www.editionsladecouverte.fr**.

ISBN 978-2-35925-218-7

34, rue des Bourdonnais, 75001 Paris.

Les auteurs

Bruno Latour travaille depuis une quinzaine d'années sur les questions de philosophie politique liées à ce qu'il appelle le Nouveau Régime Climatique. Nikolaj Schultz finit une thèse de sociologie à l'université de Copenhague sur ce qu'il nomme les classes géosociales. Ni l'un ni l'autre n'ont de position officielle dans l'un ou l'autre des mouvements écologiques, mais ils sont tous deux conscients de la nécessité de donner aux expressions politiques de l'écologie une base plus large que celle mobilisée jusqu'ici. C'est ce qui autorise ces deux auteurs à dresser ici une liste provisoire des points sur lesquels il serait important de réfléchir ensemble pour amplifier l'action multiforme des activistes et de nombreux responsables politiques. Le style étant celui d'un mémo, on n'y trouvera ni nuances ni notes.

Mémorandum :

A. Note que l'on prend pour faciliter le souvenir de quelque chose ; par métonymie, cahier, carnet où l'on note ce dont on veut se rappeler.

B. Note écrite sur un sujet important par un représentant diplomatique exposant, sur une question donnée, au gouvernement auprès duquel il est accrédité, le point de vue de son propre gouvernement.

I : Luttes de classes et luttes de classements

1- À quelles conditions l'écologie, au lieu d'être un ensemble de mouvements parmi d'autres, pourrait-elle organiser la politique autour d'elle ? Peut-elle aspirer à définir l'horizon politique comme l'ont fait, à d'autres périodes, le libéralisme, puis les socialismes, le néolibéralisme et enfin, plus récemment, les partis illibéraux ou néofascistes dont l'ascendant ne cesse de croître ? Peut-elle apprendre de l'histoire sociale comment émergent les nouveaux mouvements politiques et comment ils gagnent la lutte pour les idées, bien avant de pouvoir traduire leurs avancées dans des partis et des élections ?

2- Il y a urgence à donner plus de consistance et plus d'autonomie à l'écologie étant donné l'effondrement de l'« ordre international », l'immensité de la catastrophe en cours, l'insatisfaction générale sur l'offre politique des partis traditionnels que révèle entre autres l'ampleur de l'abstention. Or s'il existe bien des mouvements écologiques et même des partis qui en font leur drapeau, ils sont pourtant loin d'être ceux qui définissent autour d'eux, à leur manière et *dans leurs propres termes*, les fronts de lutte permettant de repérer l'ensemble des alliés et des adversaires du paysage politique. Plusieurs décennies après leurs débuts, ils restent dépendants des anciens clivages, ce qui limite leur recherche d'alliances et diminue leur liberté de manœuvre. Si elle veut exister, l'écologie politique ne doit pas se laisser définir par d'autres et doit détecter, par elle-même et pour elle-même, les nouvelles sources d'injustice qu'elle a détectées et les nouveaux fronts de lutte qu'elle a repérés.

3- Parce qu'elle s'appuyait sur le souci d'une nature connue par la Science et extérieure au monde social, l'écologie politique s'est trop longtemps reposée sur une version *pédagogique* de son action : la situation catastrophique étant connue, l'action suivrait nécessairement. Pourtant, il est devenu clair que l'appel à la « protection de la nature », loin de mettre fin ou de détourner l'attention des conflits sociaux les a, au contraire, multipliés. Des Gilets jaunes en France aux manifestations de jeunes, en passant par les protestations des agriculteurs en Inde, les communautés autochtones qui résistent à la fracturation hydraulique en Amérique du Nord, ou les disputes sur l'impact des véhicules électriques, le message est clair : les conflits prolifèrent. Parler de la nature, ce n'est pas signer un traité de paix, c'est reconnaître l'existence d'une multitude de conflits sur tous les sujets possibles de l'existence quotidienne, à toutes les échelles et sur tous les continents. Loin d'unifier, la nature divise.

4- Curieusement les préoccupations écologiques – en tout cas le climat, l'énergie et la biodiversité – sont devenues omniprésentes. La multitude des conflits n'a pas, en tout cas pour l'instant, pris la forme d'une mobilisation générale comme ont pu le faire, aux siècles derniers, les transformations déclenchées par le libéralisme et le socialisme. L'écologie, en ce sens, est à la fois partout et nulle part. Pour le moment, il semble que ce soit l'immense diversité des conflits qui empêche de donner à ces luttes une définition cohérente. Or cette diversité n'est pas un défaut, mais un atout. C'est que l'écologie est engagée dans une exploration générale des conditions de vie qui ont été détruites par l'obsession de la seule production. Pour que le mouvement écologique gagne en consistance et en autonomie, et que cela se traduise par un élan historique comparable à ceux du passé, il lui faut reconnaître, embrasser, comprendre et représenter efficacement son projet en ramassant tous ces conflits en une unité d'action compréhensible par tous. Pour ce faire, il faut d'abord accepter que l'écologie implique la division ; puis fournir une cartographie convaincante des nouveaux types de conflits qu'elle génère ; et, enfin, définir un horizon commun pour l'action collective.

5- S'il est vrai que l'écologie est à la fois partout et nulle part, il est aussi vrai que, d'un côté, s'ouvre une situation de conflits sur tous les sujets, et que, de l'autre, règne une sorte d'indifférence, d'irénisme, d'attente et de fausse paix. Chaque publication du GIEC entraîne des réactions exaltées, mais, comme dans les opéras, les chants guerriers, « Marchons, marchons, avant qu'il ne soit trop tard ! », ne déplacent pas les chœurs de plus de quelques mètres. « Tout doit radicalement changer », et rien ne change. S'il est donc capital de reconnaître un état de guerre généralisée, il faut pourtant admettre que, pour l'instant, il est difficile de tracer des fronts bien nets entre les amis et les ennemis. Sur d'innombrables sujets, nous sommes nous-mêmes partagés, à la fois victimes et complices. Alors qu'au siècle précédent, on pouvait tracer, certes grossièrement, les conflits de classes qui permettaient, par exemple, de voter pour des partis aux idéologies reconnaissables, il est difficile de le faire aujourd'hui tant que l'état de guerre écologique n'a pas été clarifié. Comment parler de conflits de classes, si c'est la classe écologique elle-même qui n'est pas clairement définie ?

6- Cela fait toujours un peu peur de réutiliser la notion de « classe ». C'est pourquoi il faut résister à la tentation d'invoquer telle quelle la notion de « luttes de classes » tout en reconnaissant qu'elle a pu, au siècle dernier, rendre de grands services en simplifiant et unifiant les mobilisations. L'avantage de cette notion, c'était de permettre la délimitation de la structure du monde social et matériel, en faisant avancer des dynamiques politiques en termes de conflits sociaux et de formation d'expériences et d'horizons collectifs. Son rôle au cours de l'histoire était clairement *descriptif* aussi bien que *performatif* : si elle prétendait décrire la réalité sociale permettant aux gens de se positionner dans le paysage qu'ils habitaient, elle n'était jamais séparée d'un projet de transformation de la société. Parler de « classe », c'est donc toujours se mettre en ordre de bataille. De même, parler de faire émerger une « classe écologique », c'est forcément offrir à la fois une nouvelle *description* et de nouvelles *perspectives* d'action. L'opération de classement, pour cette classe en formation que nous appelons « écologique », est forcément performative. D'où l'utilité de réutiliser le terme, même s'il charrie avec lui beaucoup de confusion.

7- S'il est si difficile de réutiliser la notion de « lutte de classes », c'est parce qu'elle est devenue, à cause de la question écologique, une *lutte de classements*. Nul n'est d'accord sur ce qui compose la classe dont il fait partie. Des gens qui appartiennent à la même classe (au sens social ou culturel classique) se sentent complètement étrangers à leurs pairs dès que les conflits écologiques apparaissent ; inversement, d'autres reconnaissent comme leurs « frères de lutte » des activistes qui appartiennent, du point de vue social ou culturel, à de tout autres formes de vie. D'où l'effet de désorientation qui explique une grande partie de la brutalisation actuelle de la vie publique : sur les sujets écologiques, les alliés comme les adversaires ne sont pas clairement alignés. De quoi enrager. Pour faire émerger une classe écologique, il faut donc accepter cette *lutte sur les classements*, et trouver des critères de distinction qui traversent, parfois, au contraire, rejoignent les traditionnels conflits de classes. Malgré l'ombre portée de la tradition des « luttes de classes », l'écologie politique ne peut faire l'économie de cette incertitude sur les appartenances de classe. Elle doit sans cesse poser ces questions :

« Quand les disputes portent sur l'écologie, avec qui vous sentez-vous proche et de qui vous sentez-vous terriblement éloigné ? ». L'émergence d'une éventuelle « conscience de classe » est à ce prix.

II :
Une prodigieuse extension du matérialisme

8- Si elle veut s'autonomiser, l'écologie doit accepter de donner un sens nouveau au terme de classe. Or, pour le moment, la classe écologique craint toujours de ne pas savoir se situer dans sa relation aux luttes des deux siècles précédents. Par exemple, on l'intimide aisément en l'accusant de n'être pas assez de « gauche ». Tant qu'on ne clarifie pas ce point, elle ne saura jamais comment définir ses combats par et pour elle-même. Et pourtant, il y a bien une continuité historique avec les luttes des sociétés pour résister à l'économisation de tous les liens. Parce qu'elle conteste la notion de production, on doit même dire que la classe écologique amplifie considérablement le refus général d'autonomiser l'économie *au dépens* des sociétés. En ce sens, aucun doute, elle est bien de gauche, et même *au carré*.

9- Pourtant, la situation n'est pas la même quand il s'agit de s'aligner sur la tradition des « luttes de classes » dont la formulation reste profondément liée à la notion et à l'idéal de la production. Même s'il est toujours tentant de faire rentrer une situation nouvelle dans un cadre reconnu, il est prudent de ne pas se précipiter pour affirmer que la classe écologique prolonge simplement les luttes « anticapitalistes ». L'écologie a raison de ne pas se laisser dicter ses valeurs par ce qui est devenu, en grande partie, une sorte de réflexe conditionné. Il est donc important de vider cette querelle et de comprendre pourquoi sur ce point il n'y a pas forcément de continuité. C'est le grain de vérité qui se trouve dans le cliché « ni droite ni gauche », et qui n'a rien à voir avec un prétendu « dépassement » des idéaux socialistes.

10- De nombreux analystes ont successivement retravaillé la notion de classe au fur et à mesure que le tissu social changeait de forme au cours du XXe siècle, mais Marx reste un guide pour s'aventurer sur ce terrain. La « théorie des classes » a offert, pendant une période historique bien précise, une boussole qui donnait aux gens un sens clair de ce qui leur permettait de subsister, où ils se situaient dans le paysage social et avec qui ils combattaient. Dans le sens moderne des termes, « classe », « intérêts de classe » et « luttes de classes », sans oublier la très contestée « conscience de classe » ont été utilisés pour décrire comment des personnes différentes partageaient ou non leurs conditions de subsistance avec d'autres ; comment des groupes sociaux occupaient des positions différentes dans un paysage matériel et social stratifié ; enfin, comment les relations antagonistes entre les intérêts de ces groupes les faisaient inévitablement s'affronter dans des conflits sociaux et politiques. C'est pourquoi l'influence des socialismes sur la sociologie et la culture politique a été si grande. Comme le libéralisme, le marxisme donnait un sens à l'histoire. Si la classe écologique veut exister, elle doit faire *au moins aussi bien* et, en particulier, définir, elle aussi, le sens de l'histoire – mais de *son* histoire !

11- L'apport de la définition marxiste de classe se trouve dans la compréhension des conditions *matérielles* dont les conditions sociales ne sont que l'expression. Si la boussole de Marx était utile, c'est qu'elle reposait sur une description relativement claire des processus nécessaires à la continuation de la société. Elle commence par une *description* des mécanismes par lesquels les sociétés sont reproduites ; puis elle *classe* la façon dont les acteurs sont situés de façon antagoniste dans ce processus de reproduction. C'est en ce sens que l'analyse en termes de classes peut être dite *matérialiste*. Si la classe écologique veut hériter de cette tradition, elle doit donc accepter cette leçon de la tradition marxiste et se définir, *elle aussi*, par rapport aux *conditions matérielles* de son existence. La nouvelle lutte des classes doit reposer sur une approche aussi matérialiste que l'ancienne. C'est sur ce point essentiel qu'il y a bien continuité.

12- Mais voilà, *ce n'est plus la même matérialité !* C'est de là que vient la discontinuité relative entre les traditions socialistes et ce qu'il s'agit de faire émerger aujourd'hui.

De même qu'il y a un conflit sur les classements, il y a conflit sur ce qui constitue une analyse matérialiste des conditions d'existence. La survie et la reproduction humaines étaient pour Marx le principe premier de toutes les sociétés et de leur histoire. Ainsi, l'étape initiale de toute analyse de la société humaine et de l'histoire sociale était nécessairement de rendre compte des conditions matérielles – ce que les humains mangeaient, l'eau qu'ils buvaient, les vêtements qu'ils portaient, les maisons dans lesquelles ils vivaient, etc. – qui permettent aux sociétés et aux collectifs humains de subsister, ainsi que des processus qui les ont fait naître. C'est la production de ces conditions matérielles de reproduction que Marx considérait comme le fondement de l'histoire sociale. Mais c'était de la reproduction *des humains* qu'il s'agissait avant tout. Or nous nous trouvons aujourd'hui dans une tout autre configuration historique. Nous ne sommes plus dans la même histoire. La production ne définit plus notre seul horizon. Et, surtout, ce n'est plus la même *matière* à laquelle nous nous trouvons confrontés.

13- Que se passe-t-il quand c'est la définition même de l'existence matérielle qui est en train de changer ? En pensant presque exclusivement en termes de *production* et de *reproduction*, la boussole socialiste ne peut rendre compte de la manière dont le paysage des classes change aujourd'hui de forme. Comme ce fut le cas lors de la naissance de la civilisation mécanique, le Nouveau Régime Climatique nous oblige aujourd'hui à *redécrire* les processus par lesquels les sociétés se reproduisent et continuent d'exister. Une fois encore : « Tout ce qui avait solidité et permanence s'en va en fumée. » Comme au XIXe siècle, nous assistons actuellement à une transformation énorme de l'infrastructure matérielle des sociétés. Ce qui nous oblige à ne plus nous reposer seulement sur les anciennes descriptions pour répondre à la question de savoir comment les collectifs continuent de subsister, comment leurs moyens de subsistance à long terme peuvent se maintenir et comment leur histoire doit être écrite. L'analyse en termes de classe écologique reste matérialiste, mais elle doit se tourner vers d'autres phénomènes que ceux de la seule production et de la seule reproduction des seuls humains.

14- Juste après la Seconde Guerre mondiale, ces systèmes de production se sont accélérés si fortement qu'ils ont déstabilisé les systèmes de la Terre et du climat. Ce que les termes d'« Anthropocène » ou de « Grande Accélération » résument assez bien. Nous assistons maintenant à la façon dont les mutations climatiques intensifient et métamorphosent de manière dramatique les forces qui assurent la continuité et la survie des sociétés. Le système de production est devenu synonyme de *système de destruction*. Que signifie une analyse marxiste qui se concentrerait aussi sur la reproduction des non-humains ? Être matérialiste, aujourd'hui, c'est prendre en compte, en plus de la reproduction des conditions matérielles favorables aux humains, les conditions d'habitabilité de la planète Terre. Celles-ci obligent à considérer, non seulement ce que l'*économie politique* des partis traditionnels cherchait à simplifier sous le nom de *ressource*, mais une nouvelle réalité matérielle de la planète. L'économie dirigeait son attention vers la mobilisation de ressources en vue de la *production*, mais existe-t-il une économie capable de se *retourner* vers le maintien des conditions d'habitabilité du monde terrestre ? Autrement dit, de *tourner le dos* à cette attention exclusive pour la production pour la réencastrer dans la recherche des conditions d'habitabilité ? C'est tout l'enjeu de la nouvelle classe écologique. Sur ce point, on le comprend, la discontinuité est grande avec la traditionnelle « lutte des classes ».

15- Ce désaccord sur l'analyse matérialiste des classes, permet au final de comprendre à quel point l'analyse en termes de classe écologique *prolonge* et *renouvelle* les luttes traditionnelles de la gauche – mais à sa façon. Il s'agit bien de se détourner de cette attention exclusive pour la production de façon à amplifier la *résistance de la société* (pour reprendre l'expression de Karl Polanyi) à l'économisation. Certaines des luttes du XXe siècle étaient évidemment inspirées par la tradition marxiste, mais beaucoup d'autres se menaient simplement au nom du refus de l'extension de la production, et contre cette insupportable prétention qu'elle a toujours eu de se désencastrer du reste de la vie sociale. Comme le dit Lucas Chancel : « L'abolition de l'esclavage, la sécurité sociale, le droit de vote pour tous, l'éducation gratuite, ne sont pas à proprement parler des questions d'organisation de la production matérielle. » C'étaient les expressions vitales de l'impossibilité pour une société humaine de se laisser définir par la seule économisation. Par conséquent, critiquer certaines limites du matérialisme d'inspiration marxiste permet aussi de renouveler les multiples traditions de lutte contre l'économisation. À cette nuance près, il est vrai décisive, la classe écologique peut donc revendiquer qu'elle reprend, en l'amplifiant, l'histoire de la gauche émancipatrice. Le signe que cette reprise a bien eu lieu, c'est que les militants écologistes sont maintenant plus nombreux à se faire assassiner que les syndicalistes.

III : Le grand retournement

16- Si l'on résume la situation actuelle, on peut dire que tout le monde a maintenant compris qu'il fallait une action décisive pour contrer la catastrophe, mais que manquent les relais, la motivation, la direction qui permettraient d'agir. On parle à satiété de « révolution », de « transformation radicale », de « collapsus », mais on voit bien que rien ne vient traduire ces angoisses en un programme d'action mobilisatrice à l'échelle des enjeux. En ce sens, l'appel à l'action ne ressemble en rien à ce que nos prédécesseurs ont pu connaître en période de guerre, ou lors des épisodes de reconstruction, de développement ou de globalisation. Les énergies embrayaient efficacement sur les idéaux ; comprendre la situation suffisait à mobiliser. Aujourd'hui, la certitude de la catastrophe semble plutôt *paralyser* l'action. En tout cas, il n'y a pas d'*alignement* instinctif entre les représentations du monde, les énergies à déclencher, les valeurs à défendre. Tous les instincts sont, au contraire, tournés vers la « reprise » à l'identique de l'ancienne façon de concevoir la production. C'est le devoir de la classe écologique de diagnostiquer la source de cette paralysie et de chercher un nouvel alignement entre les angoisses, l'action collective, les idéaux et le sens de l'histoire.

17- On commence à comprendre les sources de la paralysie quand on s'aperçoit que la *direction* même de l'action s'est inversée. En simplifiant, on peut dire que les énergies, depuis deux siècles, se mobilisent aisément quand il s'agissait d'*accroitre* la production, et de rendre *un peu moins injuste* la distribution des richesses ainsi obtenues. Bien sûr, les conflits ont été innombrables entre les diverses formes de libéralisme et les multiples traditions socialistes, mais c'était en comptant sur le fond d'un *accord complet* pour augmenter la production. Les désaccords portaient plutôt sur la juste distribution de ses fruits. Le développement allait indiscutablement dans le sens de l'histoire, et l'on pouvait toujours compter sur les énergies que déclenchait ce mot d'ordre : « En avant ! » Or, aujourd'hui, vu depuis l'ancien modèle, le mot d'ordre apparaît plutôt comme : « En arrière toute ! » Brusquement, l'augmentation de la production, la notion même de développement, celle de progrès apparaissent comme autant d'aberrations auxquelles il faudrait remédier. Associer la production à la *destruction* des conditions d'habitabilité de la planète entraîne une crise dans les capacités de mobilisation. Il n'est donc pas étonnant que l'énormité des menaces prévues par les experts ait si peu d'effet pratique. C'est l'équipement mental, moral, organisationnel, administratif, juridique, si longtemps associé au développement qui tourne à vide parce qu'il était fait pour diriger l'attention vers ce qui est devenu une impasse. Aujourd'hui, la direction des affaires a visiblement changé, mais le nouvel équipement qui permettrait de passer à l'action n'est pas encore élaboré. On en reste à l'angoisse, à la culpabilité et à l'impuissance. C'est le rôle de la classe écologique de fournir cet équipement.

18- L'inflexion décisive, c'est de donner la priorité au maintien des conditions d'habitabilité de la planète et non pas au développement de la production. En ce sens, il ne s'agit pas de seulement limiter le « productivisme », mais, comme le demande Dusan Kazik, de se détourner tout à fait de l'horizon de la production comme principe d'analyse des relations entre les humains et entre les humains et ce dont ils apprennent à dépendre. En effet, l'inconvénient de l'attention exclusive pour la production, c'était de réduire tout ce qui est nécessaire à son mouvement au simple rôle de ressources. Or la planète engendrée par les vivants au cours des millénaires entoure, enveloppe, permet, autorise, assure bien plus que des ressources pour l'action humaine. Comme le montre l'histoire longue de la Terre, ce sont les vivants qui ont permis la continuité de l'existence terrestre qu'ils ont eux-mêmes créée au fil des milliards d'années – climat, atmosphère, sol et océans compris. Le système de production n'est qu'une partie et pas la plus importante de cet ensemble ; de central, il est devenu limité ; la périphérie, en revanche, a pris toute la place. Le système de production se trouve en fait encastré, enveloppé dans une tout autre organisation qui fait porter l'attention sur des pratiques qui favorisent l'*engendrement* nécessaire au maintien des conditions de vie – ou qui les détruisent. Produire, c'est assembler et combiner, ce n'est pas engendrer, c'est-à-dire faire naître par des soins la continuité des êtres dont dépend l'habitabilité du monde. Au lieu de l'étrange métaphore du développement, il serait plus utile, pour capter ce renversement, de parler d'*enveloppement* : toutes les questions de production sont entourées, empaquetées dans les pratiques d'engendrement dont elles dépendent. Nous sommes habitués à comprendre la croissance comme le seul moyen de nous tirer d'affaire en oubliant les destructions qu'elle cause, alors que la *prospérité* a toujours dépendu des pratiques d'engendrement. Il ne s'agit pas de « décroître » mais d'enfin prospérer. Et, pourtant, aucun réflexe conditionné, aucun instinct, aucun affect ne traduit encore un tel basculement au point d'être devenu le nouveau sens commun.

19- Les conflits de classes, en organisant l'histoire des deux derniers siècles autour de la seule production et de la seule répartition de ses fruits, se sont volontairement et systématiquement aveuglés sur les *limites* des conditions matérielles de la planète. Par conséquent, la classe écologique ne peut plus se définir uniquement par l'analyse du *mode de production*. Le point de clivage qui dresse la nouvelle classe écologique contre toutes les autres, c'est qu'elle veut *restreindre* la place des rapports de production, et que les autres veulent l'*étendre*. Le charmant euphémisme de « transition » souligne aussi mal que possible ce qui est bel et bien un violent renversement. C'est sur cette tension que se situe la nouvelle lutte des classes. La question clef n'est pas, comme auparavant, celle des seuls conflits de classes *à l'intérieur* du système de production, mais celle de la *relation nécessairement polémique* entre maintien des conditions d'habitabilité et système de production. C'est cette tension de *deuxième rang* qui fait toute la nouveauté de la situation. Les classes canoniques, celles de Marx et des libéraux – les classes dépendantes d'une lecture économisée de l'histoire –, soumettent les questions d'habitabilité aux rapports de production, alors que la classe émergente *fait l'inverse*. Sous l'évidence de l'ordre moderne, elle révèle les véritables clivages. Sous la lutte des classes, une autre lutte de classes.

20- La classe écologique en lutte pour sa définition en rupture avec la production ajoute donc aux rapports de production les pratiques d'engendrement qui ont toujours défini l'*extérieur* de l'activité humaine puisqu'elles ont toujours *entouré* et *cerné* les rapports de production en les rendant possibles. Selon la définition de Pierre Charbonnier, elle se définit par la jonction dans la même enceinte du monde *où l'on vit* et du monde *dont on vit*. Elle ajoute donc à la production, le retour des conditions d'habitabilité dans lesquelles la volonté de produire a toujours été encastrée. Bien que la définition des classes *sociales* ait toujours dépendu, en réalité, de la question clef de la reproduction (comme on le voit même chez Marx), le poids de l'économisation a poussé aussi bien les traditions marxistes que libérales à en dénier ou à en minimiser l'importance. La lutte des classes a toujours été, mais redevient aujourd'hui explicitement, un ensemble intriqué de conflits *géosociaux* pour lesquels le formatage par l'économisation n'est plus adapté, faute de pouvoir donner place aux *terrestres* – humains compris.

IV : Une classe à nouveau légitime

21- La classe écologique est donc celle qui prend en charge la question de l'habitabilité. De ce fait, elle possède une vision plus large, plus longue, plus complexe de l'histoire et même de la géohistoire. Ce qui apparaissait d'abord comme un recul, comme un mouvement vers l'arrière, presque comme une position « réactionnaire », devient maintenant une immense *expansion* de la sensibilité aux conditions nécessaires à la vie. C'est pourquoi la classe écologique entre en conflit avec les anciennes classes qui ont été incapables de saisir les conditions réelles de leurs projets. Ni le libéralisme ni le socialisme n'avaient sérieusement pris en compte leurs conditions d'habitabilité – et les néofascistes encore moins. En ce sens, la classe écologique, parce qu'elle voit plus loin, parce qu'elle prend en compte un plus grand nombre de valeurs, parce qu'elle est prête à se battre pour les défendre sur un plus grand nombre de fronts, peut se considérer comme *plus rationnelle* que les autres classes, au sens que Norbert Elias donne à cet adjectif. Elle aspire donc à reprendre le *processus de civilisation* que les autres classes ont abandonné ou trahi. En tout cas, il s'agit bien de la suite à donner à la civilisation.

22- Assumer de prendre en charge, pour chaque sujet, chaque territoire, le monde où l'on vit en le reliant explicitement au monde dont on vit *allonge l'horizon* de l'action. C'est cet allongement de l'horizon qui autorise la classe écologique à se considérer comme *plus légitime* pour définir le *sens de l'histoire*. Les autres classes, bornées par le seul horizon de la production et des États nationaux, restent en continuel déni sur l'importance des pratiques d'engendrement. En poursuivant le parallèle suggéré par Elias, de même que la classe bourgeoise, durant son ascension, a flétri l'aristocratie pour sa vision trop étroite de ses valeurs, de même la nouvelle classe écologique conteste la légitimité des anciennes classes dirigeantes, paralysées par la crise, incapables de trouver une issue crédible à l'aventure de la politique moderne. C'est de là que cette nouvelle classe tire son énergie, sa potentielle capacité de rassemblement et, pour tout dire, *sa fierté*.

23- En assumant la définition de ce qui est rationnel pour modifier le cours de l'histoire, la classe écologique conteste aux actuelles classes dirigeantes le rôle de ce que Bruno Karsenti nomme la *classe-pivot*, celle autour de laquelle s'organise la répartition des positions politiques. L'écologie sort alors de son enfance, cesse d'être un mouvement adventice et, surtout, cesse de se repérer par rapport aux anciennes classes sociales enfermées dans les seuls rapports de production. Elle se trouve en droit de critiquer les classes jusqu'ici « dirigeantes » parce que celles-ci n'ont pas su repérer les limites de la production en restreignant l'économisation, ni préparer le basculement vers les pratiques d'engendrement, ni trouver une issue qui ne soit pas simplement nationale. Par définition, elle modifie la répartition entre politique intérieure et politique extérieure : la terre extérieure rentre dans la politique intérieure. Dans les termes classiques, on peut dire que la tradition libérale, largement partagée par les traditions socialistes, a *trahi* son propre projet de développement et de progrès. Devant l'ampleur de la catastrophe qu'elles n'ont pas su prévoir, ces classes dirigeantes n'ont plus aucun droit à prétendre agir *au nom d'une quelconque rationalité*. De ce fait, elles n'ont plus aucune légitimité à définir le sens de l'histoire et à s'attacher le *respect* des autres classes qu'elles prétendaient jusqu'ici entraîner derrière elles. D'où la dérision qu'elles suscitent auprès des autres classes. L'allongement de l'horizon de l'action à l'extérieur de la production et hors du cadre défini par les États-nations, voilà dorénavant la tâche de la classe écologique en voie de formation. C'est par ce projet qu'elle peut, elle aussi, à son tour, espérer entraîner les autres classes derrière elle.

24- Cette réorientation doit être clarifiée au plus vite, parce que la trahison des classes dirigeantes a libéré de nombreux mouvements, en réaction, qui se sont mis à revendiquer un attachement à l'identité, en recherchant la protection à l'intérieur de frontières plus ou moins étroites selon l'ancien modèle de « la terre et des morts ». Or le territoire, ainsi étroitement défini, est encore plus éloigné de la direction à prendre, puisque le déni des conditions d'habitabilité y est encore plus radical que le rêve de globalisation où les anciennes classes dirigeantes prétendaient loger la modernisation. Le sol des réactionnaires est encore plus abstrait et stérile que celui des globalisateurs. Il n'est défini que par l'identité, par les morts, et non par les vivants innombrables qui lui donnent sa consistance. La classe écologique doit donc se battre au moins sur deux fronts, contre la globalisation illusoire et contre le retour à l'intérieur des frontières, puisque les deux mouvements sont déconnectés des questions d'habitabilité. Dans les deux cas, elle est obligée de redéfinir la nature des territoires, de tout ce qui entoure, permet, restreint et contrôle la production. Pour elle, c'est en répartissant autrement l'intérieur et l'extérieur, qu'elle peut espérer convaincre d'autres secteurs de ces anciennes classes de s'allier avec eux pour découvrir d'autres manières de promouvoir leurs intérêts.

25- La classe écologique, en lutte avec les anciennes classes-pivots, se reconnaît donc le droit de définir dans ses propres termes et à sa manière, les termes de sol, de territoire, de pays, de nation, de peuple, d'attachement, de tradition, de limite, de frontière, et de décider par elle-même ce qui est « progressiste » et ce qui ne l'est pas. Elle refuse qu'on l'accuse d'être « réactionnaire », sous prétexte qu'elle rénove les termes de territoire et de sol qu'elle a complètement *repeuplés* d'une multitude d'êtres vivants. Elle prétend, au contraire, donner un autre sens à l'axe qui définit ce qui avance ou au contraire ce qui fait reculer ses projets. En simplifiant, tout ce qui permet de *superposer* le monde où l'on vit et le monde dont on vit dans le même ensemble juridique, affectif, moral, institutionnel et matériel sera dit *progressiste* ou mieux *émancipateur*; tout ce qui affaiblit, ignore ou dénie ce lien de superposition sera dit *réactionnaire*. Du coup, c'est l'ensemble des classes modernisatrices qui apparaît comme radicalement *dépassé*.

V : Un désalignement des affects

26- Les observateurs s'étonnent depuis longtemps que ni les certitudes ni les menaces n'entraînent de mobilisation de masse à la mesure de l'échelle et du degré d'urgence. Pourtant, les alertes sonnent depuis quarante ans ; depuis vingt ans, elles vrillent les oreilles de tout le monde ; et depuis la dernière décennie – particulièrement pendant la dernière année – la menace est gravée au fer rouge dans l'expérience directe de centaines de millions de gens. D'où vient alors cette panne dans les réactions ? Il ne suffit pas d'invoquer les campagnes de désinformation, la puissance des lobbies, l'inertie des mentalités. Tout cela n'a jamais empêché des millions d'activistes de se jeter vivement dans leurs batailles ; ils ont bien compris que se mobiliser, c'est, par définition, affronter ce genre d'ennemis. Ce qu'il faut comprendre, c'est pourquoi ces oppositions assez prévisibles parviennent à intimider l'immense majorité, mal à l'aise, hébétée de se sentir incapable d'agir. Il y a dans cette « drôle de guerre » indéfiniment prolongée quelque chose de si contraire aux capacités usuelles de répondre à une menace évidente qu'il faut continuer à chercher quel équipement serait nécessaire pour traduire enfin certitude, angoisse, culpabilité et embarras en mobilisation générale.

27- Au siècle dernier, les valeurs mobilisatrices par excellence étaient celles de la prospérité, de l'émancipation, de la liberté. Dès qu'on agitait ces drapeaux, que l'on désignait ces cibles, le plus lâche des citoyens se prenait pour un foudre de guerre. C'étaient ces puissants affects, qui avaient embarqué les classes anciennes dans le développement de la production et dans les promesses de richesse et de liberté qu'elles faisaient miroiter. Comment pourraient-elles s'enthousiasmer, si on leur avoue brusquement que ces valeurs de prospérité, d'émancipation et de liberté doivent être entièrement refondues ? Tant qu'on n'aura pas redirigé ces émotions, l'écologie sera toujours interrompue dans ses avances par les accusations d'ennui, de limitation, de retour en arrière. Comment pourrait-elle sonner le tocsin et prétendre mobiliser les foules « vers l'avant », fidèle aux traditions « progressistes », alors même que c'est le progrès qu'elle met en cause ? Elle ne pourra jamais résister à l'étiquette d'« écologie punitive ». Se diriger vers le maintien des conditions d'habitabilité, n'est pas encore associé à quoi que ce soit d'assez enthousiasmant. Où est l'assurance de prospérité ? Où est la promesse de continuer l'émancipation ? Comment maintenir l'idéal de liberté ? Comment passer brusquement des promesses du développement à celles encore floues de l'enveloppement ? De quoi doucher, en effet, toute velléité de mobilisation.

28- D'où l'importance de redéfinir autrement les affects liés à la liberté qui n'ont cessé de changer au cours de l'histoire. Les conceptions *négatives* de la liberté – ce qui permet à l'individu d'échapper aux contraintes et à l'emprise des gouvernants – aussi bien que les conceptions *positives* de la liberté – ce qui permet à des communautés de vivre ensemble de manière autonome – dépendent d'une *délimitation* préalable des individus ou des communautés humaines qui n'a plus aucun sens quand le monde dont on vit exige d'être inclus dans le monde où l'on vit. S'émanciper change de signification quand il s'agit de s'habituer à *dépendre* enfin de ce qui nous fait vivre ! L'écologie repose la place et la conception des *limites* : d'une part, elle contredit la passion moderne de dépassement continu des barrières, puisqu'il lui faut tenter de « rester dans les limites » de l'enveloppe du système Terre ; d'autre part, elle découvre, par les sciences de ce même système Terre, combien les limites en sont mal connues et comment elles peuvent être *contournées*. Sur tous les sujets et à toutes les échelles, celles des États-nations aussi bien que des groupes humains ou des organismes vivants, c'est sur les limites des anciennes notions de limite qu'elle fait peser son effort d'inventaire et de reprise. Par « émancipation », elle entend donc se libérer du registre étroit des idées de liberté, explorées par les libéraux comme par les socialistes, dans le cadre de la seule production au service des humains.

29- Il en est de même des notions, apparemment contraires, d'appartenance, d'identité, d'attachement, de localité, de solidarité, de vie collective, de commun, souvent associées, du fait de l'histoire antérieure des classes, au sol, au peuple, à la nation. Mais le sol sur lequel atterrissent les anciens Modernes n'a pas du tout les mêmes propriétés, les mêmes composants, la même « nature », la même « identité » que celui que prétendaient laisser derrière eux les progressistes à l'ancienne. Rien n'interdit donc de les *réinvestir* d'un nouveau sens positif. Il y a dans ce nouvel apprentissage de la dépendance, une occasion de redéfinir l'émancipation et la recherche d'autonomie. Plus nous dépendons, mieux c'est. Mais comme elle est contraire à nos habitudes, cette quête des « liens qui libèrent » !

30- La classe écologique reprend à son compte et prétend hériter des valeurs de liberté et d'émancipation, mais elle doit les investir d'un sens enfin compatible avec ses conditions pratiques que les notions de production et de partage plus ou moins juste des richesses avaient laissé de côté. S'il est vrai, comme l'a proposé Karl Polanyi, que la terre, le travail et la monnaie sont inaliénables et *inappropriables*, cela veut dire que, en privilégiant le maintien de l'habitabilité, la classe écologique rencontre enfin à nouveau ses *véritables propriétaires*. Descartes ne l'avait pas prévu ! La propriété n'est pas celle des humains sur un monde, mais d'un monde sur les humains. Ce sont eux qui, par construction, sont « maîtres et possesseurs de la nature »... Ce sont les vivants, qui, par définition, *se possèdent eux-mêmes* puisqu'ils se sont *faits eux-mêmes* et qu'ils ont engendré peu à peu la planète Terre – ou du moins sa minuscule partie qui est habitable – par un processus justement appelé *sui generis*, qui s'est engendré lui-même.

31- Du coup, la nature n'est pas une victime à protéger ; elle est ce qui nous possède. C'est le sens de ce fier slogan des zadistes : « Nous sommes la nature qui se défend »... Nous n'avons pas à nous repentir devant de pauvres victimes, mais à supporter une dure reprise en main par nos vrais propriétaires... De ce renversement, une armée de juristes est en train de tirer les conséquences, jusque dans la législation. Les pratiques d'engendrement qui permettent de maintenir, d'amplifier et de réparer l'habitabilité des conditions de vie, redeviennent ce qu'il convient de découvrir et de soigner. Ce que nous vivons, c'est l'exact contraire du célèbre épisode des *enclosures*. Brusquement, ce sont les humains qui se trouvent bel et bien enveloppés, tournés et *enclos* – pour ne pas dire confinés ! Mais le problème, c'est de savoir comment rendre *positive* une telle subversion dans les valeurs ? Comment transformer *en sens commun* cette expression : « Je dépends, c'est ce qui me libère, je peux enfin agir » ? Comment en faire la nouvelle matrice d'une conception étendue de la solidarité et de l'émancipation ?

32- On comprend que, pour l'instant, la mobilisation tant attendue soit à la fois inévitable et constamment retardée. Les affects ne sont pas *alignés* au point de créer des automatismes. Et ce qui est terrible, c'est que le temps nous manque pour les monter un par un et dans le bon ordre. Il a fallu plusieurs siècles pour que les libéraux puis les socialistes inventent les réflexes conditionnés qui sont devenus les rouages des mobilisations pour le développement. Faute de ce renouvellement des composants d'une culture commune, un immense décalage s'est créé entre les valeurs associées aux anciennes classes sociales et celles que semble promouvoir la classe écologique. En ne s'engageant pas assez dans ces batailles, elle n'a pas libéré la culture politique de sa gamme trop étroite de sentiments, d'arts, d'œuvres, de thèmes, d'images, de récits. Du coup, elle manque cruellement d'une *esthétique* capable de nourrir les *passions politiques* suscitées par les classes qu'elle combat. Le Grand Dérangement dont parle Amitav Ghosh ne semble pas encore l'avoir assez *dérangée* ! Pour le moment, l'écologie politique réussit l'exploit de paniquer les esprits et de les faire bâiller d'ennui... D'où la paralysie de l'action qu'elle suscite trop souvent.

VI : Un autre sens de l'histoire dans un autre cosmos

33- Si l'on continue à explorer les sources de cette impuissance à agir collectivement, on trouve, en plus de ce désalignement des affects, deux éléments qui expliquent en grande partie ces attitudes troublantes de résignation coupable, d'inertie inquiète, de velléités vagues, toutes ces *passions tristes* si caractéristiques de l'époque. Tout se passe comme si nous hésitions sur le sens de l'histoire supposée nous entraîner. Et, pour tout compliquer, nous ne sommes pas assurés de la nature, ou mieux de la consistance du monde dans lequel nous sommes supposés passer à l'action. Il nous est devenu *étranger*.

Au sens littéral, « nous ne sommes plus chez nous ». Malgré tous les mouvements et contre-mouvements des époques précédentes, on peut dire qu'elles « savaient où elles allaient » puisqu'elles se *modernisaient*. Et, en plus, chose immensément rassurante, elles pouvaient compter sur un monde matériel assez stable, prévisible et connu. Partager de telles certitudes, c'était pouvoir réagir rapidement dès les premières alertes.

34- Le sens de l'histoire ne tombe pas du ciel. Comme le montre l'émergence des autres classes, il faut le fabriquer, le diffuser, l'installer, le performer. Former peu à peu une « classe ouvrière anglaise », selon la description de E. P. Thompson, cela prend un siècle. Qu'on se souvienne de la longue invention de la « modernité » et combien de plumes ont été nécessaires pour en rendre le mouvement « irréversible » et « enthousiasmant ». Jusqu'à ce qu'il s'inverse justement sous nos yeux ! Comme Elias l'a bien documenté, l'avancée d'une classe n'a rien de nécessaire. Aucune Providence, aucun *Zeitgeist*, n'a mené ceux qui ont prétendu définir le sens de l'histoire européenne, comme en témoigne assez cruellement l'aveuglement volontaire des

« classes bourgeoises » sur les questions de climat pendant tout le XXe siècle. La culture écologique aurait grand tort de croire que « le temps travaille pour elle », quoi que fassent ses adeptes. C'est l'idée même d'un inévitable « front de modernisation » qui a perverti toutes les promesses faites par les classes dirigeantes au cours du siècle dernier. Pas plus qu'il n'y a de front inévitable de modernisation, il ne faut s'attendre à un irréversible « front d'écologisation ». Il ne faut pas même compter sur l'ampleur de la catastrophe en cours pour faire évoluer les esprits, contrairement à ce que serine cette phrase si diaboliquement fausse : « Là où est le péril, là aussi est ce qui sauve. » Rien ne nous sauvera, et surtout pas le péril. Le succès dépendra entièrement de notre capacité à nous emparer des occasions fortuites.

35- Si les anciennes classes dirigeantes ont trahi, c'est précisément parce qu'elles se croyaient porteuses d'un sens de l'histoire inévitable, d'un *telos* indiscutable qui les a rendues insensibles à la nature de l'*espace* dans lequel cette histoire était supposée se dérouler. Le retour brutal des limites planétaires interdit à la classe écologique de recommencer l'erreur des autres classes qui se prétendaient l'*avant-garde* d'un mouvement que rien ne pourrait entraver. En prétendant incarner *d'avance* le futur, ces classes soi-disant « rationnelles » ont rendu impossible l'appréhension de leur avenir. Elles se dirigeaient sans le dire vers une utopie qui s'est rapidement effilochée. Le monde où menait aveuglément la modernisation n'existe tout simplement pas.

36- Le plus troublant pour la classe écologique, c'est qu'elle doit disputer même l'idée d'un sens, d'*un seul sens* de l'histoire. L'obligation de rabouter le monde dont on vit avec le monde où l'on vit oblige à penser le sens de l'histoire non pas comme un mouvement vers l'avant, à la façon des Modernes qui tranchaient derrière eux le passé du futur, mais comme la multiplication des manières d'*habiter* et de *prendre soin* des pratiques d'engendrement, dans une complète indifférence à ce qui appartient au passé, au présent ou au futur. L'histoire n'est donc plus conçue comme un rassemblement en un front cohérent dessinant la fameuse et unique « flèche du temps », mais comme une *dispersion* dans toutes les directions qui rattrape et répare ce que l'ancien sens de l'histoire avait cherché à trop simplifier.

37- Le type de *subversion* propre à cette classe est donc aussi loin que possible de l'esprit « révolutionnaire » du passé, avec sa fameuse « convergence des luttes », alors même qu'il s'agit pourtant d'une rupture bien plus radicale et bien plus révolutionnaire que celles que visaient la prise en main du seul système de production. C'est là où l'on comprend l'intérêt de la multiplicité, de la diversité, de la particularité, des luttes innombrables dans lesquelles sont engagés les activistes, sur tous les sujets et à toutes les échelles. Comment donner un seul sens à une histoire qui, bien au contraire, se plie chaque fois à la leçon des vivants qui, eux, ont chacun leur manière de *faire leur histoire* en même temps que la nôtre ?

38- L'unité d'action des périodes précédentes – telles du moins que nous les imaginons rétrospectivement – était permise par le fait qu'il n'y avait pour les modernisés qu'un seul monde matériel connu par la Science. Or la source du trouble actuel, c'est que nous ne sommes plus appelés à réagir dans ce même monde. Pour parler comme les anthropologues, nous avons changé de *cosmologie*. C'est la dure expérience de l'actuelle pandémie qui permet de s'en rendre le mieux compte. La stupéfaction d'une civilisation entière obligée de s'ajuster à la présence de ce virus souligne, annonce, renforce son incapacité à réagir assez rapidement au Nouveau Régime Climatique. Devant ce Nouveau Régime nous sommes aussi démunis que les anciens « sauvages » saisis par la modernisation qui dévastait leur monde. Désormais les « sauvages » inadaptés, sous-développés, incapables de réagir au choc de cette « démodernisation », c'est nous !

39- Un Moderne en développement se sentait *à l'aise* dans la nature. Son modèle cosmologique, si l'on voulait prendre un exemple canonique, ce serait le plan incliné de Galilée qui lui permettait de calculer la loi de la chute des corps – tout devait ressembler à ce modèle. Que faire si le modèle, l'exemple canonique, devient un virus qui ne cesse de se répandre de bouche en bouche, de contaminer, de muter, de surprendre et que les sciences, désormais au pluriel, loin de le maîtriser, doivent suivre à la trace en évoluant comme lui ? Pour des gens qui comptaient sur les réactions de l'ancien monde, le désarroi est total : nous ne sommes plus des humains dans la nature, mais des vivants au milieu d'autres vivants en libre évolution avec et contre nous qui participent tous au même *terra forming*. Dans un monde galiléen, l'épidémie serait une crise en voie de résolution ; dans celui où nous vivons, le Covid ne cessera de nous obliger à muter comme lui. Terrible leçon que celle-là.

40- C'est la source principale de l'incapacité à réagir : comme si vous vous prépariez tranquillement à construire un mur de briques et qu'on vous demande à l'arraché de contenir une épidémie. Tout bouge, tout évolue, tout mute. Au point que vous en venez à douter de la résistance ou de la *consistance* du monde. Il y avait un cadre qui ne réagissait pas à nos actions ; il réagit désormais, et à toutes les échelles, virus, climat, humus, forêt, insectes, microbes, océans et rivières. Brusquement, intimidés, perdus, maladroits nous ne savons plus littéralement comment nous *comporter*.

Un peu comme ces malheureux dont on exige qu'ils « se mettent enfin à Internet ». Nous ne savons plus nous « mettre » à quoi que ce soit, et surtout pas « nous mettre au monde ». Les questions d'engendrement nous dépassent. Étrangers sur notre propre sol, nous sommes désorientés, avec la forte tentation de baisser les bras – alors que tout devrait nous pousser à agir et vite. C'est ce basculement cosmologique qui est probablement la source principale de ces passions tristes que la classe écologique doit diagnostiquer et pour lesquelles elle doit vite inventer des thérapies, si elle veut avoir une chance un jour d'exercer le pouvoir.

VII : La classe écologique est potentiellement majoritaire

41- Dresser la liste des pathologies à soigner, ce n'est pas faire preuve de cruauté mais, au contraire, de réalisme élémentaire. Tant que les grandes masses ne seront pas passées à l'action pour s'extraire des pièges de la production, il faudra continuer à sonder la source de leur inertie. Heureusement, le tableau est tout différent si, au lieu de s'intéresser à des gens vaguement honteux de leur hébétude, on se tourne vers ceux qui se sont déjà mis, depuis longtemps, en ordre de bataille. Avec ceux-là, on va pouvoir enfin « se compter ». C'est tout le paradoxe de cette « drôle de guerre » : d'un côté la cause écologique semble marginale, de l'autre, tout le monde a déjà, en fait, changé de paradigme.

42- La classe écologique prend la suite de tous les combats passés qui ont à chaque fois révélé de nouveaux acteurs considérés jusque-là comme négligeables. En effet, les participants dont les pratiques d'engendrement sont indispensables à la production n'ont fait que se *multiplier* au cours de l'histoire. Ce sont donc des alliés naturels. C'est bien évidemment en premier chef, le rôle des prolétaires dans la production de la richesse, au sens des traditions socialistes. C'est ensuite celui que les mouvements féministes ont révélé en montrant le lien entre l'invention de l'économie et le long écrasement des femmes. C'est également ce dont ne cessent de témoigner les mouvements postcoloniaux, en démontrant l'importance des colonisations et des échanges inégaux dans l'accumulation des richesses. La révélation multiforme du rôle et des limites des vivants et du système Terre *s'ajoute* par conséquent à cette longue série, en révélant à quel point l'enceinte de la production avait été, et est encore, terriblement *limitée*. On pourrait reprendre la phrase de David Graeber : « Aujourd'hui, si vous évoquez les "producteurs de richesses", tout le monde pensera que vous voulez parler des capitalistes, certainement pas des travailleurs », en disant : « Aujourd'hui, si vous évoquez les "producteurs de richesses", tout le monde pensera que vous voulez parler des capitalistes, certainement pas des vivants. » On le voit, les membres potentiels des peuples (écologiques) sont déjà immensément nombreux à condition de bien souligner la continuité entre les différents mouvements qui les ont rendus visibles.

43- L'intérêt de se déshabituer des seuls rapports de production, c'est aussi de retisser un lien nouveau avec les peuples dits *autochtones* – un quart de milliard d'habitants quand même ! – qui ont su résister plus ou moins violemment à l'emprise du « développement ». Une alliance d'autant plus importante que ces peuples luttent *depuis l'intérieur* des limites des États-nations pour en subvertir la prise de terre et qu'ils modifient la direction temporelle du progressisme, sans recourir à l'ancienne flèche de l'histoire. Tout en multipliant les innovations sur ce que peut vouloir signifier l'existence d'un *peuple habitant* une terre. Loin de représenter le passé du développement productif, ils indiquent plutôt des usages tout à fait contemporains des pratiques d'engendrement qu'il va falloir inventer. La leçon est amère, mais ce sont les anciens « sauvages » qui doivent apprendre aux nouveaux comment résister à la modernisation !

44- Un autre atout capital pour la définition de cette nouvelle classe est à chercher dans cette inversion stupéfiante des liens d'engendrement que le Nouveau Régime Climatique établit *entre les générations*. Déconnecter le monde où l'on vit du monde dont on vit n'est pas en effet une simple question d'espace, mais aussi de temps. Vivre du futur a pour conséquence de laisser retomber sur les générations suivantes la tâche de régler les problèmes du présent, mais plus tard ! D'où l'impression d'avoir été trahi par les anciens et de se retrouver, au sens propre, *sans avenir*. L'avenir, il a été dévoré d'avance. Alors que, dans la période de globalisation, le « jeunisme » servait de panneau indicateur pour aller vers le futur, la soudaine révolte des jeunes qui se sentent trahis consiste plutôt à considérer les vieux, et plus particulièrement les « *baby boomers* » (les anciens « jeunes » !), comme des ados gâtés et immatures. La jeunesse ne représente plus, comme avant, l'avenir du système de production qui bouscule l'archaïsme des anciens, mais, à l'inverse, l'*ancienneté* des questions d'engendrement que les générations plus âgées ont délibérément sacrifiée. En voilà des forces nombreuses à recruter !

45- De larges portions des classes intellectuelles sont déjà acquises à cet allongement de l'horizon qui donne potentiellement à la nouvelle classe écologique sa forme de rationalité propre, si contraire aux prétentions « rationalistes » des anciennes classes dirigeantes. C'est évidemment le cas des scientifiques engagés à un titre ou à un autre dans les nouvelles sciences du système Terre et qui ont essuyé déjà les grandes batailles imposées par les climato-sceptiques. C'est aussi le cas des ingénieurs, des inventeurs, brisés dans leur désirs d'innovation par les étroites contraintes de la production. Tous les métiers intellectuels et savants sont prêts à opposer leur rationalité à l'économie de la connaissance et à l'« évaluation rationnelle » de leur travail. On a dépossédé les innovateurs de leurs capacités d'invention, mais aussi les universitaires de tout ce qui leur permettait de poursuivre leurs recherches. Entre la recherche, l'ingénierie et les pratiques d'engendrement, il y a pourtant mille liens qui ont été rompus et que de nombreux « travailleurs de la preuve » seraient prêts à renouer. À cette liste qui ne cesse de s'allonger, il faudrait ajouter tous les activistes, militants, gens de bonne volonté, citoyens ordinaires, paysans, jardiniers, industriels, investisseurs, explorateurs à un titre ou à un autre, sans oublier tous ceux qui ont vu leur territoire disparaître sous leurs yeux. Tous pourraient se sentir participer à cette classe en voie de formation, même si, pour le moment, ils ont peine à y reconnaître leurs idéaux. S'ils se sentaient pris dans le même mouvement de civilisation, cela finirait par faire du monde !

46- N'oublions pas dans ce dénombrement de compter les religions. Ce sont des forces nombreuses, des émotions profondes, qui ont su déjà, au cours des siècles, comment transformer les âmes, les paysages, le droit, les arts. Le cas particulier des chrétiens est intéressant. On les poussait à fuir la terre, et voilà qu'ils sentent dans l'écologie un appel qui peut renouveler leurs dogmes. Tant qu'ils associeront « écologie » avec « paganisme » ou « immanence », les chrétiens ne sont plus des alliés. Dès qu'ils comprennent comment l'écologie les libère de leur « théologie politique », alors leur secours est précieux. Avec leur aide on pourrait commencer à démêler cette théologie politique moderne, laquelle n'a rien de laïque, malgré ses prétentions, mais amalgame des cosmologies, des théologies, des formes d'humanisme qu'il faut bien apprendre à dénouer fil à fil. Ajoutons donc à notre liste, tous ceux qui travaillent, rituel après rituel, pour que le « cri de la Terre et des Pauvres », pour reprendre la belle expression (ou plutôt le cri !) du pape François, soit enfin entendu.

47- Si l'on fait le bilan, on s'aperçoit que la classe écologique en voie de formation n'a rien de marginal. Pour reprendre un mot célèbre : « Un spectre hante l'Europe et le reste du monde : l'écologisme ! » Il ne lui manque que de *se définir comme la majorité*.

Elle est déjà en quelque sorte un nouveau tiers état : un rien qui aspire à être le tout. Comme à l'ancien tiers, il ne lui manque que la fierté d'être assurée d'elle-même et de son avenir – ainsi que quelques circonstances favorables et tout à fait contingentes pour parvenir au pouvoir… Pour le moment, elle tente de se donner du cœur au ventre en s'exclamant : « Nous sommes le monde, nous sommes l'avenir » et même, dans un sursaut d'audace : « Nous reprenons le processus de civilisation que les autres ont délaissé. » Mais derrière elle, reconnaissons-le, les foules ne sont pas encore si nombreuses à se reconnaître dans ses fiers slogans.

48- L'émergence d'une classe écologique organisant autour d'elle et dans ses propres termes les luttes de classes, semble pour l'instant limitée par l'extraordinaire *dispersion* des forces et des expériences. En parodiant le mot célèbre : « L'écologie politique, combien de *divisions* ? » Mais cette dispersion est *bienvenue* s'il s'agit d'échapper par tous les moyens au destin apparemment inéluctable de l'extension de la production. S'il faut toujours se méfier du changement d'échelle, cela est vrai aussi en politique. Il faut résister à la tentation de *s'unifier* selon les formes traditionnelles de l'offre politique qui prétend toujours, par un grand coup de boutoir, renverser l'obstacle et passer à des jours meilleurs. En régime virus, il n'y a pas de jour meilleur. Ce n'est pas ainsi que coule le temps des vivants. Là encore, l'exigence de composition oblige à *ralentir* pour détecter à sa manière les alliances à opérer. En ce sens, l'écologie politique, nourrie à cette nouvelle culture des vivants, doit chérir sa multiplicité. C'est ce qui lui permet d'explorer les alternatives dans toutes les directions.

VIII : L'indispensable et trop délaissée lutte pour les idées

49- En 1789, le tiers état avait un avantage qui manque si cruellement à la classe écologique. Quand le tiers est devenu la Nation, il y avait *déjà cent ans* que la lutte pour les idées, dans tous les milieux, dans toutes les classes, avait, comme on dit « préparé les esprits » et s'était insinuée au cœur même des élites. Mais qui a préparé les élites depuis cent ans à la mutation en cours ? Il y a bien eu un immense travail de réflexion poursuivi par d'innombrables chercheurs, penseurs, activistes, moralistes, militants et poètes, mais ce travail n'a pas été repris par les partis dits « verts » et n'a fait qu'effleurer les classes dirigeantes.

Où sont les lieux de pensée où l'on aurait mené pied à pied, depuis des décennies, la lutte idéologique sur tous les sujets signalés ci-dessus ? On a l'affreuse impression que la lutte commence à peine. Les autres classes font un barouf du tonnerre, saturent l'espace médiatique, occupent les magazines, les télévisions, les hebdomadaires, monopolisent la formation des agents de l'État, multiplient les écoles de management et les départements d'économie, mais où sont les organes de cette classe écologique ? Rien qui permette de contre-attaquer à la bonne échelle pour atteindre à l'*hégémonie* dans la lutte pour les idées.

50- Et pourtant, l'histoire des mouvements sociaux le montrerait, il n'y a aucune raison pour que la naissance d'une classe qui puisse contester le rôle de leader aux autres classes désorientées par le basculement cosmologique puisse s'opérer sans ce travail idéologique. Et donc *sans passer* par l'immense travail d'inventaire culturel que les autres classes ont dû effectuer dans le passé pour occuper le devant de la scène publique. Bien que rebattu, le thème gramscien de la « quête de l'hégémonie » – cette « guerre de positions » à organiser bien avant de mener une « guerre de mouvement » –, s'applique à cette classe en émergence comme à toutes les autres. Jamais les *intérêts* dits « objectifs » n'ont suffi à eux seuls à faire apparaître une classe consciente d'elle-même et capable de convaincre les autres de s'allier avec elle. Si les seuls intérêts économiques n'ont jamais suffi à se repérer dans les luttes de classes, il en est exactement de même pour les seuls « intérêts écologiques ». C'est à chaque fois *toute la culture* qu'il faut s'efforcer de brasser. Si elle hésite à mener ces batailles, la classe écologique restera toujours un croupion.

51- Sauf que c'est bien plus difficile pour cette classe que pour les précédentes. Il faut rendre sensible toute une population à un changement de cosmologie qui implique un prodigieux *accroissement* des sujets de préoccupation à prendre en compte. Même si les classes sociales traditionnelles comprenaient toutes, implicitement, leur dimension *géo*-sociale, fût-ce en la déniant, c'est cette dimension qui redevient primordiale puisque c'est sur l'occupation, la nature, l'usage, le maintien des territoires et des conditions de subsistance que portent dorénavant les luttes, et cela à toutes les échelles et sur tous les continents. Il y a donc là une formidable intensification dans la lutte des idées, puisque c'est *de quoi le monde est fait*, et c'est donc finalement de métaphysique qu'il est question. Tous les détails se mettent à compter. Comme le dit Baptiste Morizot, chaque meute de loups mérite une philosophie.

52- Ce changement de cosmologie doit pousser la classe écologique à saisir à nouveaux frais les *humanités* et chercher par tous les types de media et par toutes les formes, comment s'exprime et se ressent cette nouvelle terre. L'histoire sociale et culturelle montre que cela est particulièrement vrai de l'importance donnée à toutes les époques à la culture et aux *arts*. La classe écologique doit donc imiter en cela l'évolution des classes qui l'ont précédée, aussi bien les libéralismes que les socialismes, dans leur prétention à définir l'ensemble des sujets mobilisés par la culture. Poésie, cinéma, roman, architecture, rien ne doit lui être étranger. Si vous comparez l'importance des arts dans l'invention du libéralisme ou le monopole que la gauche exerce dans la critique de la culture, vous constaterez à quel point l'écologie officielle manque de ces ressources. Pour le moment, les partis écologiques sont remarquablement absents de la scène artistique, ou, à tout le moins, n'ont pas du tout le rayonnement artistique et intellectuel dont les partis anciens ont bénéficié. C'est au fond comme si, puisqu'ils s'occupaient de la nature, ils pouvaient délaisser la culture.

53- Ce basculement de cosmologie suppose un usage des sciences très différent de sa forme moderne. Tous les sujets de dispute sur le système Terre passent par la médiation des sciences « naturelles » puisque celles-ci sont en grande partie à l'origine de la conscience même de la classe écologique. Sans les sciences, que saurions-nous de certain sur la perte du monde ? Mais les sciences n'occupent pas pour autant le rôle de maîtrise et d'assurance qu'elles ont pu jouer dans les périodes libérales ou socialistes où elles autorisaient à *se passer* de politique sous prétexte que « l'on savait quoi faire ». Les nouvelles sciences de la terre façonnée par les vivants *accompagnent* plutôt l'exploration des conditions toujours controversées, surprenantes du comportement de la planète. En ce sens, les sciences sont aussi mouvantes et agitées que ce système dont elles se sont mises à suivre les turbulences. Les scientifiques *ajoutent* leur rôle essentiel de porte-parole des choses qu'ils expérimentent, aux nombreux porte-parole qui participent aux controverses. L'accès à ces sciences et les alliances à passer avec les chercheurs offrent donc des atouts majeurs dans la nouvelle lutte des idées. Mais, de nouveau, nous avons affaire à une immense *expansion* des sujets à prendre en compte. La lutte pour les idées se poursuit jusque dans la fabrication des faits. Il faut entrer dans le détail des sciences, et vérifier soigneusement comment ces faits ont été plus ou moins bien *cuisinés*. Encore une culture à développer, mais cette fois-ci une culture des humanités scientifiques.

54- La reprise méticuleuse de toute l'histoire moderne à cause de la mutation cosmologique est d'autant plus importante que les revendications actuelles portées par ce mouvement sont constamment étouffées par l'usage de notions héritées de la période précédente, en particulier la notion de « nature » et de « défense de la nature ». La « nature » des Modernes, c'était ce que la production laissait « en dehors » de son horizon, tout en l'incorporant sous la forme de ressource. Elle restait donc toujours *extérieure* aux préoccupations sociales et il fallait accepter de *sortir* des intérêts de la société pour qu'on puisse se soucier de son sort. En se définissant comme la reprise des liens entre le monde dont on vit et le monde où l'on vit, la classe écologique libère les acteurs à la fois de l'*extériorité radicale* de la nature et, en même temps, de sa *limitation* au seul rôle de ressource. Mais, pour préciser cette transformation, pour sortir des généralités, cela demande un énorme travail préalable, et donc une infrastructure de recherche en ordre de marche et bien dotée. Aussi bien aiguisée que soit la charrue, il vaut mieux la mettre *après* le bœuf – même s'il se traîne en marchant de son pas lourd.

55- Les disputes apparemment philosophiques sur les métaphysiques de la Terre et des vivants ne peuvent pas être laissées de côté sous prétexte qu'elles seraient « trop intellectuelles » ou qu'elles obligeraient à « couper les cheveux en quatre ». Nos prédécesseurs ont coupé chacun des concepts nécessaires à leur mainmise sur l'État en de bien plus petites portions ! Imaginez la quantité de travail nécessaire pour inventer, faire vivre, entretenir et maintenir, ce monstre étrange, l'« individu égoïste et calculateur » ou le « citoyen d'un gouvernement représentatif » ? Qui mesurera les deux siècles nécessaires à l'invention de la « question sociale », de la « société », du « prolétariat » ou de la « valeur travail » ? Et l'on voudrait concentrer l'attention de milliards de gens vers les conditions d'habitabilité de la planète, sans préparation, sans outil, sans exercice. Comme si l'évidence de l'importance des vivants allait suffire à les convertir en leur donnant les capacités de discernement indispensables pour mener ces batailles diplomatiques d'une désarmante complexité ! Le risque est qu'ils se noient dans un déluge de bons sentiments sans parvenir à en tirer aucun levier politique.

56- Et pourtant, s'il y a un sujet où le changement de sensibilité est manifeste et devient presque universel, c'est la compréhension des vivants, et la nouvelle saisie du biologique. Sur ce point, on est clairement en train de changer d'esthétique. C'est tout l'intérêt des conflits de classes au sens d'Elias qu'ils commencent d'abord par des changements de *manières* – de goût et de dégoût – bien avant de se cristalliser en conflits d'intérêts. Il y a dix ans encore, le biologique était confondu avec la « biologie », canton de la nature connue par la Science. De ce canton, il fallait s'échapper à tout prix si l'on voulait s'attacher aux valeurs, au symbolique, à l'humain, au spirituel, etc. Aujourd'hui, pas un ouvrage, pas un magazine, pas un festival, qui ne parle des « vivants ». Mais ce ne sont plus les mêmes vivants que naguère. On veut se lier à eux, s'insérer dans leurs tours et détours, apprendre d'eux de quoi le monde est tissé. Les mêmes bactéries intestinales qui étaient méprisées, sont accueillies aujourd'hui avec presque du désir ! C'est de tous les vivants que l'on veut réapprendre les valeurs, le symbolique, l'humain, le spirituel que l'on avait jadis mal situé *à l'écart* de la « biologie ». Changement de ton, de style, d'attitude, changement de sensibilité, que Donna Haraway avait tenté depuis longtemps et que beaucoup d'autres auteurs ont prolongé depuis. Désormais les vivants dépassent de loin l'étroit canton de la seule biologie. Ce qui est le plus encourageant symptôme du changement de monde et qui va permettre à la classe écologique de passer de simples disputes, par exemple, sur la consommation de viande à de vrais conflits de classes.

IX : Conquérir le pouvoir, mais lequel ?

57- Toute l'histoire des mouvements sociaux le montre, il faut un très long temps pour faire s'aligner, même approximativement, les manières, les valeurs, les cultures avec la logique des intérêts ; ensuite, repérer les amis et les ennemis ; puis, développer la fameuse « conscience de classe » ; et, enfin, inventer une offre politique qui permette aux classes d'exprimer leurs conflits sous une forme instituée. La lutte des idées précède donc forcément de beaucoup le processus électoral. Il est illusoire de penser que l'on puisse se jeter dans des élections en négligeant l'énorme préparation qui seule permet le discernement des alliés potentiels et des adversaires. Faute de ce travail, les succès électoraux, même s'ils sont utiles à titre d'apprentissage et de propagande, ne pourront s'étendre beaucoup. De toute façon, à quoi servirait-il d'occuper l'État sans avoir derrière soi des classes *assez préparées et motivées* pour *accepter les sacrifices* que le nouveau pouvoir, en lutte avec le régime de production, va devoir leur imposer ?

58- Il peut paraître incongru de demander à des activistes qui ont quitté le système, rompu avec l'État, évité de faire appel aux institutions, de se mettre brusquement en ordre de marche pour conquérir l'hégémonie gramscienne ! Tous ceux qui continuaient à marcher au rythme de la production leur ont dit qu'ils « se marginalisaient », et beaucoup de ceux qu'on accusait ainsi ont eux-mêmes revendiqué d'être, en effet, des « marginaux ». Mais en chemin est survenu quelque chose d'étrange : les luttes qui avaient l'air de se situer dans les marges, sont toutes devenues *centrales* pour la survie de tous. Étonnant renversement, qui fait de chaque ci-devant marginal le vecteur d'un combat qu'il va falloir mener mais *en grand* et avec beaucoup de monde. Il y a là un problème d'orientation doublé d'une modification des affects. Comment faire pour que les marges – l'ancienne périphérie, le monde dont on vit – deviennent le centre de toutes les attentions, et comment requalifier les sentiments associés à la *marginalité* en les liant à la recherche du pouvoir ?

59- Le déploiement de la classe écologique souffre d'un problème inhabituel dans l'histoire sociale : elle est tournée sur deux fronts que tout oppose. D'un côté, elle doit vouloir conquérir le pouvoir contre les classes qui l'occupent aujourd'hui et qui ont failli ; de l'autre, elle doit vouloir en modifier complètement l'organisation. Bien sûr, chaque classe prévoit de démanteler l'organisation administrative de la classe précédente qu'elle trouve trop défavorable à ses intérêts. Mais, jusqu'ici, il s'agissait toujours, en fin de compte, de répartir autrement, d'amplifier, de réorganiser les forces productives ou, plus rarement, d'en répartir plus justement les biens. Les léninistes espéraient peut-être le « dépérissement de l'État » mais, en même temps, ils comptaient sur l'inévitable accroissement des forces de production ; il n'y avait pas là de réelle tension. Comment imaginer l'organisation d'un pouvoir qui se ferait *contre* la production, et donc se retournerait pour se diriger vers ses anciennes marges ?

60- Les anciennes classes dirigeantes pouvaient pointer du doigt un seul horizon – toujours repoussé. Dès que l'on prétend rabouter le monde où l'on vit et celui dont on vit, nous devons en définir *deux*, en lutte l'un avec l'autre. Ce serait commode de disposer au moins d'une *image* de cette lutte sur deux fronts. Imaginons un cercle dont le bord est finement tracé. Au début, l'épaisseur de ce bord ne semble pas avoir d'importance, il est tenu pour acquis, en pointillé. C'est vers le centre, vers la production infinie que l'attention est dirigée. Puis, au fur et à mesure, ce bord s'amincit tellement qu'il est menacé de disparaître. Du coup, des « marginaux » se retournent en remontant vers le bord bientôt suivis par des masses de plus en plus nombreuses. Ce qui était ressource et exigeait d'être *extrait* devient l'objet des plus grands soins, au point que c'est ce bord qui devient le *centre* de toute l'attention. L'ancien bord s'épaissit de plus en plus, s'entrelace, se charge, se repeuple, au point de commencer à menacer, à étouffer, à étrangler, le centre, l'ancien centre, celui qui menaçait de l'étouffer ! Voilà les deux horizons, les deux sens de l'histoire, dont chacun menace l'autre. Ou vous insistez pour continuer vers le centre, mais le bord s'y opposera ; ou vous faites tout pour élargir et compliquer le bord, mais le centre s'y opposera.

61- Ce qui complique encore la recherche du pouvoir, c'est que, dès que la classe écologique essaie de faire coïncider le monde dont on vit et le monde où l'on vit, elle rouvre, pour chaque sujet, les questions de géopolitique, de commerce et de droit international, ainsi que les frontières et le type d'occupation des sols propre aux États-nations. Il est bien établi que l'État actuel a été dessiné pour permettre aux classes dominantes d'exercer leur monopole et de leur permettre, d'abord la modernisation, puis la globalisation. Il n'est aucunement dessiné pour les besoins de la nouvelle classe écologique. Cette inadaptation est patente dans la formation de son personnel, dans l'offre politique qui lui permet de définir la tâche des gouvernements, aussi bien que dans son inscription territoriale. De plus, le nouveau rapport exigé par la prise en compte du monde dont on vit *dans la logique* du monde où l'on vit ne *recoupe pas* la distinction et la liaison entre l'intérieur et l'extérieur qui définit traditionnellement le *monopole* du pouvoir dans les États-nations (police, impôts, armée) et le sens du mot « régalien ». Au contraire, l'État-nation *permet* la coupure radicale entre les deux mondes, qu'il s'agit justement d'atténuer. Le rôle de l'État étant différent, est différente aussi la définition du monopole qu'il représente ainsi que la répartition nouvelle entre politique « étrangère » et politique « nationale » que la classe écologique cherche à opérer.

62- Le quadrillage et le pavage des États-nations ayant organisé une forme de saisie de la planète qui s'oppose frontalement à ce qu'on puisse reconnecter les deux mondes, la classe écologique doit aborder les controverses sur le *planétaire* lui-même, et, du coup, sur la fonction des États. Et ce d'autant plus que le délitement de l'« ordre international » fondé sur le développement et la globalisation s'accélère sous nos yeux, sans qu'on puisse imaginer une reprise des anciennes relations « supranationales » ou « interétatiques ». Pour le moment marginalisée par l'offre politique, c'est sur ces questions de refonte de l'ordre international et de redistribution des « prises de terre », que la classe écologique sera légitime à définir *le* ou, mieux, *les* sens de l'histoire. Et pourtant, à la manière des libéralismes et des socialismes, mais dans un tout autre sens, elle rouvre bien la question de l'*universalité* et explore comment rendre *interdépendantes* de multiples formes de pouvoir. Mais comme elle est fondée, par définition, sur la *superposition* des territoires qui empiètent mutuellement les uns sur les autres, et qu'elle est prise entre deux directions dont chacune peut étouffer l'autre, elle ne peut respecter aucune des barrières classiques imposées par le quadrillage hérité des États modernes. Plus qu'à un échiquier, l'espace qu'elle se charge désormais de représenter ressemble à un manteau aussi rapiécé que celui d'Arlequin.

63- Même si la forme de ce monopole du pouvoir est différente de la tradition politique, la classe écologique doit pourtant s'orienter aussi vers la *conquête* de ce monopole à renouveler, sans quoi elle se résoudrait à l'impuissance. Pour elle, tous les sujets sont de *géopolitique* et chaque sujet oblige à un redécoupage des prises de terre par les États. D'où la difficulté particulière qui est la sienne de rechercher le pouvoir. Et cela, tout en modifiant son périmètre pour que l'appareil d'État qu'elle veut occuper définisse autrement ses fonctions, son mode d'action, aussi bien que la forme des territoires sur lesquels il exercera son pouvoir. Autrement dit, la classe écologique ne peut prétendre définir la politique en chérissant sa marginalité ou en se prétendant indifférente aux institutions et au fonctionnement des États actuels. Elle doit l'occuper à tous les étages et dans toutes ses fonctions.

64- Non seulement les rapports entre l'extérieur et l'intérieur sont bouleversés, mais l'usage de la métrique classique qui permet de passer du local au global a perdu tout sens. Ce modèle cartographique naît avec la production et se développe pour elle. C'est ce redoutable changement d'échelle qui est imposé par les besoins de la production qui structure tous les rapports, par la question fatale : « *Is it scalable* ? » Mais les pratiques d'engendrement vont dans un autre sens et demandent autant d'instruments de mesure qu'il y a de situations. La lutte contre ce qu'Anna Tsing appelle « scalabilité » devient donc centrale. L'écologie n'est ni locale ni globale, mais à toutes les échelles, et ses métriques varient en fonction de chaque objet d'étude et de chaque sujet de dispute. Elle ne peut continuer à être paralysée par le localisme ou, inversement, par la brutale obligation de « monter en généralité » selon les anciennes façons de penser la société ou la nature « comme un tout ». Elle doit développer ses propres manières de *composer* des collectifs et de former des « totalités ». Leçon que le virus nous rappelle chaque jour !

65- Heureusement, il y a l'Europe. Il y a dans ce vaste « machin », malgré tous les défauts de sa bureaucratie, sinon une source d'espoir, du moins une expérimentation sur tous les nouveaux conflits de géopolitique dans laquelle la classe écologique est engagée. Immense avantage de pouvoir compter sur cette puissance qui a essayé successivement le supra- puis l'international et qui n'est pas non plus le national pour autant. Une puissance hésitante, qui n'a même pas de *lieu* – à moins de compter un centre administratif à Bruxelles comme la capitale d'un empire ! L'Europe unie est justement assez délicieusement désunie mais déjà tout à fait éloignée d'un État à l'ancienne, pour redistribuer morceau par morceau les ingrédients que les nouvelles formes de pouvoir vont devoir assembler autrement. L'agriculture, l'eau, les polluants, les lobbies, les routes, les trains, tout passe par elle mais, à chaque fois, les sujets, coupés en mille portions, sont négociés, discutés, mélangés, noyés d'une façon telle qu'aucun État ne puisse les déclarer *siens*. Du coup, il n'y a plus d'affaire qui soit vraiment étrangère et aucune qui soit vraiment nationale. L'Europe unie est pour la classe écologique l'exemple d'une expérience en vraie grandeur où la redistribution de l'intérieur et de l'extérieur des États lui prépare son rôle de future classe-pivot capable d'entraîner les autres classes derrière elle. On lie parfois dans le même mépris autant l'écologie que l'Europe unie, mais c'est justement parce qu'elles sont *plus rationnelles* que ceux qui prétendent faire mieux qu'elles. À condition de revendiquer fièrement cette rationalité supérieure.

X :
Combler par le bas le vide de l'espace public

66- Hélas, la classe écologique cherche à prendre conscience d'elle-même au moment même où la vie politique est à son plus sinistre. Non seulement à cause de la dissolution des anciens partis ; non seulement à cause de l'éviscération continue de l'État, mais parce que *le politique* même, ce mélange complexe d'attitudes, d'habitudes, d'affects, d'analyses, cette curieuse manière, acquise au fil des ans, de se mélanger, de s'user, de se frotter les uns aux autres, est en voie de disparition. Au moment même où nous aurions besoin d'un influx massif d'énergie politique, celle-ci manque, faute d'avoir été entretenue. À moins que les deux phénomènes soient liés : ce qui a vidé la politique, c'est que, depuis trente ans, le

Nouveau Régime Climatique pèse d'un poids de plus en plus grand sur toutes les analyses d'intérêts, sur tous les rapports de classes, sur toutes les émotions, mais que rien n'a été fait pour en métaboliser les formidables effets. D'où ce vide affreux de l'espace public. Ce vide, la classe écologique aspire à le remplir.

67- Mais à condition de le reprendre *par le bas*, c'est-à-dire par la *description* du monde matériel dans lequel se trouvent les habitants, chassés de leur ancienne cosmologie dans une autre qu'ils n'ont pas encore appris à explorer. C'est en ce sens que la classe écologique reprend la tradition *matérialiste*. Repassons à l'envers toute la chaîne : pour voter il faut des *partis* ; pour qu'il y ait des partis, il faut que les *doléances* aient été rassemblées, stylisées et stabilisées en des sortes de programmes ; pour qu'il y ait des doléances, il faut que chacun puisse définir ses *intérêts* qui lui permettent de tracer le front des alliés potentiels et des adversaires ; mais comment avoir des intérêts, si vous ne pouvez pas décrire avec assez de détails les situations concrètes où vous vous trouvez plongé ? Si vous ne savez pas *de quoi vous dépendez*, comment sauriez-vous ce qu'il vous faut *défendre* ? Or cette première étape manque, à cause de la rapidité et surtout de l'ampleur de la mutation en cours. Du coup, le reste ne suit pas. C'est donc par ces racines qu'il faut commencer – par les *grassroots*.

68- En l'absence d'un sentiment partagé, prouvable, démontrable des intérêts, de leurs conflits et de leurs entremêlements, il ne reste aux participants que l'on n'ose plus appeler exactement des « citoyens », qu'à basculer dans les passions tristes entre toutes : *plaintes* et *récriminations*. Le plus décourageant, c'est que ces plaintes s'adressent à une entité mystérieuse qui serait capable de satisfaire les plaintifs. Mais hélas cet agent mythique, c'est l'ancien État dessiné pour les anciennes classes dirigeantes et réduit aujourd'hui à un *fantôme*. Les uns, en bas, ne savent plus articuler leurs doléances faute de savoir exactement où ils se trouvent et donc quels sont leurs ennemis ; les autres, en haut, sont incapable d'écouter ce qu'on leur demande et continuent de répondre avec les instruments émoussés de l'État ci-devant modernisateur. Des muets parlent à des sourds. Et bien sûr la situation empire à chaque cycle, les muets de plus en plus furieux qu'on ne les entende pas ; les sourds qu'on n'accueille pas leurs solutions comme il convient. D'où cette impression que l'espace public est devenu d'une insupportable brutalité. On aura beau accuser les réseaux sociaux, se plaindre de la « montée des incivilités », la crise est beaucoup plus profonde : il y a eu un État de la reconstruction, un État de la modernisation, un État (fort secoué) de la globalisation, il n'y a pas *un État de l'écologisation*. Pas un fonctionnaire, pas un élu, ne saurait dire comment passer de la *croissance* – et ses misères associées – à la *prospérité* – et ses sacrifices associés.

69- La définition des intérêts, limitée jusqu'ici par la domination de l'économie, peut être libérée par le déplacement cosmologique en cours. Changez la définition du territoire, de ses composants, de ses commensaux, de ce qui permet les pratiques d'engendrement, et vous changez aussi la définition des intérêts ainsi que la forme du sol que vous habitez. Votre territoire, c'est *ce dont vous dépendez*, aussi loin qu'il faille aller pour ressentir ce qui vous tient. C'est pourquoi un intense travail de *description* des situations vécues forme l'indispensable étape avant l'émergence d'une classe qui se reconnaîtrait elle-même comme capable de définir le sens de l'histoire. La description des conditions de vie est d'abord une *auto-description* qui révèle le porte-à-faux entre le monde où vous vivez et le monde dont vous vivez, et donc redessine qui vous êtes, sur quel territoire, à quelle époque, et vers quel horizons vous vous préparez à agir.

70- Décrire ce n'est pas seulement se voir de l'extérieur, objectivement, c'est aussi se repérer et s'orienter avec et contre les autres en train de procéder *aux mêmes épreuves* d'autodescription. Ces descriptions partagées entraînent donc une profonde transformation des positions de chacun et des affects politiques associés à la mutation cosmologique. C'est seulement quand les liens d'interdépendance avec les pratiques d'engendrement se sont multipliés que l'on commence à discerner les nombreuses lignes de partage entre continuer vers la production ou s'attacher à maintenir les conditions d'habitabilité et la prospérité qui en est la conséquence.

En ce sens, les exercices d'autodescription accompagnent la *métamorphose* de la situation politique qui bascule de la production vers le maintien de l'habitabilité en *allongeant* l'horizon dans lequel l'histoire se déroule – et donc la rationalité relative des acteurs. Plus ils se décrivent, plus articulées sont leurs doléances, plus audibles elles le deviennent pour les autres. Il en est un peu de ces descriptions collectives, comme de ces massifs de béton que l'on immerge pour donner aux crustacés, algues, coraux et poissons l'occasion de se multiplier à nouveau. Le politique revient. L'abîme entre les muets et les sourds diminue d'autant. Cela peut aller très vite.

71- Par un autre manque de chance, au moment même où l'on a le plus besoin, sur tous ces sujets de nouvelles méthodes d'enquête, l'université a été saccagée, le système de recherche sacrifié, l'éducation méprisée. Or la classe écologique a besoin d'un système de recherche adapté à ce renversement. L'université reste celle de Humboldt, caricature du mouvement de modernisation, avec une pointe avancée, l'avant-garde de la « recherche fondamentale », supposée *percoler* jusqu'au bon peuple – comme les profits. Or les exigences de l'époque sont exactement inverses : étant donné l'écrasante ignorance où nous sommes tous de ce que veut dire habiter une Terre qui réagit à nos actions, il faut *encore plus* de recherche *encore plus* fondamentale. Mais cette recherche de fond doit venir *en appui* de tous ceux qui ont besoin d'être aidés dans l'exploration de leurs nouvelles conditions de vie. Loin du modèle de percolation, c'est le court-circuit entre les exigences les plus fortes en recherche fondamentale, et l'humilité des situations où cette recherche est *mise à l'épreuve* qu'il faut parvenir à monter pour définir les innovations d'avenir. L'inversion du schème du développement, vaut pour la recherche en sciences humaines ou naturelles ou hybrides, comme pour tout le reste. L'art délicat de la *politique scientifique* n'est pas communément discuté chez les écologistes ; son importance est pourtant décisive.

72- Comme l'enseigne John Dewey, « l'État est toujours à réinventer », mais il lui faut toujours un *peuple*, un *public* qui le précède, lui enseigne et le guide. Il n'en est que le délégué provisoire et facilement corruptible. Ce peuple c'est ce que la classe écologique doit accepter de représenter si elle joue son rôle de nouvelle classe-pivot. Les autres classes, jusqu'ici, étaient invitées à *suivre* les classes dirigeantes sur le chemin de la modernisation, dont elles étaient supposées partager les bienfaits ou recevoir les miettes. Toute la question est de savoir si les intérêts de ces classes peuvent résonner avec les intérêts de la classe écologique. Jusqu'ici celle-ci n'a pas encore su rendre sa lutte contre la production alignée avec les soucis, désirs, habitudes, intérêts *actuels* des autres classes. Et pourtant, le soutien de ces classes est indispensable pour accepter les sacrifices immenses par lesquels il va falloir passer, pour changer de régime. Si vous trouvez la pandémie difficile à vivre, imaginez une situation où les mesures à prendre seraient cent fois plus contraignantes sur les sujets auxquels on tient autant qu'à la santé. Et sans même un État vaguement légitime pour les proposer – ne parlons pas de les imposer.

73- Malgré les apparences, la classe écologique cherche à résister à la hiérarchie imposée par les anciennes classes dirigeantes. Pour elles, il y avait l'avant garde et il y avait l'arrière-garde. Les progrès du développement étaient supposés proposer un rangement qui serait acceptable pour toutes les classes appelées à se développer de concert dans la même direction. Mais la nouvelle lutte de classes a rompu cet ordre. Aller vers l'*enveloppement* demande une tout autre carte que le *développement*. La classe écologique définit tout autrement l'ancienne arrière-garde : la société, pour reprendre à nouveau Polanyi, a toujours *résisté* à l'économisation. Et ce qu'on appelle les « classes populaires » ont toujours été les premières à résister, sans oublier que ce sont elles qui subissent de plein fouet les conséquences du système de destruction. Bien loin d'être une affaire de « bobo diplômé », la classe écologique renoue tout simplement avec l'ancestrale culture de résistance au non-sens de l'économisation qui prétend annihiler les liens anthropologiques. Elle reconnaît dans l'ancienne arrière-garde ceux qui sont beaucoup *plus prêts* de vouloir résoudre les questions d'habitabilité que les ex-classes dirigeantes, et d'ailleurs *beaucoup plus près* des anciennes marges. C'est ce basculement qui rend la classe écologique *réellement* et non pas potentiellement majoritaire. Les écologistes ne tirent pas *vers eux* les autres classes, au contraire, ils les rejoignent enfin.

74- C'est en ce point décisif que se jouent les conflits : le premier conflit entre les classes défini à l'ancienne, et le conflit de *deuxième rang*, entre les classes traditionnelles et la redistribution des *classements* qu'opère l'écologie politique à la recherche de ses alliés. Des gens que tout oppose du point de vue de leur appartenance de classe se trouvent proches de leurs « ennemis de classe » quand les sujets écologiques font irruption ; et inversement des proches se transforment en ennemis acharnés. Mais ces changements d'affiliation ne peuvent se faire sans le travail du politique qui permet de se frotter les uns contre les autres en inventant des procédures, des sites, des lieux, des occasions pour permettre au travail de redescription de passer de la vision convenue du monde social à une version mieux articulée et plus réaliste. Il faut très peu de temps, à condition de trouver une procédure idoine, pour complètement transformer la cartographie des alliés et des adversaires. C'est l'invention de ces procédures qui décidera finalement de la réussite ou de l'échec de la redistribution en cours au profit de la classe écologique et de son rôle de classe-pivot.

75- Ce n'est que dans un épais brouillard que nous pouvons deviner l'émergence de cette classe écologique. D'où l'utilité de chercher des parallèles, soit en regardant l'histoire des classes sociales et culturelles, soit en allant puiser dans le processus de civilisation en comparant ses combats pour définir la politique avec ceux de la classe bourgeoise au temps où elle apparaissait comme porteuse de la raison moderne. Il va de soi que tout se passera autrement. C'est pourquoi il faut être prêt à saisir les occasions imprévues.

76- À force de dresser la liste de tous les points qu'il va falloir travailler en commun pour faire advenir cette fameuse conscience de classe, on pourrait en tirer la conclusion décourageante qu'il y a tant à changer, et sur des sujets si divers, que la classe écologique n'a aucune chance de jamais rivaliser avec les actuelles classes dirigeantes. D'autant que le temps lui manque.

Mais, d'un autre côté, tout est probablement déjà joué puisque, au fond d'eux-mêmes, les gens ont bien compris qu'ils avaient changé de monde et qu'ils habitaient une autre Terre. Comme le soulignait Paul Veyne, les grands bouleversements sont parfois aussi simples que le mouvement que fait un dormeur pour se retourner dans son lit...

MIXTE
Papier issu de sources responsables
FSC® C003309
FSC
www.fsc.org

L'éditeur de cet ouvrage s'engage dans une démarche de certification FSC® qui contribue à la préservation des forêts pour les générations futures.

Achevé d'imprimer en décembre 2021
sur les presses de Normandie Roto Impression s.a.s. 61250 Lonrai
Dépôt légal : janvier 2022
N° d'imprimeur : 2106549

Imprimé en France